Den Schatz der Taufe entdecken

Christoph Haider

Impressum:

www.weger.net – info@weger.net

Gesamtherstellung: Druckerei A. Weger, Brixen
Printed in Italy, 2021

ISBN 978-88-6563-292-5

Den Schatz der Taufe entdecken

Christoph Haider

Verlag A. Weger

Inhaltsverzeichnis

Du kannst nur lieben, was du kennst

In manchen Ländern der Welt ist das Christentum so neu, dass viele Menschen erst im Erwachsenenalter den Glauben an Jesus kennen lernen. Sie werden nach einer zwei- bis dreijährigen intensiven Vorbereitungszeit getauft. Bei uns empfangen Kinder die Taufe, nachdem ihre Eltern etwa eine Stunde lang auf das Fest vorbereitet worden sind. Viel länger dauert der Taufunterricht oft nicht. Manchmal wird beim Taufgespräch nur über den Ablauf und die musikalische Gestaltung der Taufe gesprochen. Natürlich gehen wir davon aus, dass Eltern schon eine Ahnung haben, was die Taufe ihres Kindes bedeutet und dass die Kinder später auch im Religionsunterricht in den Glauben eingeweiht werden.

Aber ist das genug, um den Schatz zu heben?

Dieses Buch soll eine kleine Hilfe sein, den Schatz zu erkennen, der in der Taufe verborgen ist.

Kinder taufen

Lange könnten wir über die Sinnhaftigkeit der Kindertaufe diskutieren. Gründe dafür werden in den einzelnen Kapiteln zur Sprache kommen. Einen Hauptgrund nehmen wir schon vorweg: Die Taufe eines Kleinkindes ist ein starkes Zeichen dafür, dass der Glaube ein Geschenk ist. Das schöne Wort für Gottesgeschenk heißt Gnade.

Eltern tun im Regelfall alles, was für ihr Kind gut und wichtig ist. Sie wissen aber, wie zerbrechlich das Leben ist. Die kleinen Glieder und die Seele des Kindes sind zart und schutzbedürftig. Dass aus dem Kleinen ein guter, glücklicher Mensch wird, haben selbst beste Eltern nicht in ihrer Hand. Manches lässt sich in die gute Richtung tun. Dass es gelingt, ist auch Geschenk.

Noch weniger können wir von uns aus Gottes Liebe und Treue beanspruchen. Dass Gott das Herz eines Menschen berührt, lässt sich nicht einfach herstellen. Es ist Gnade, Gottes Geschenk. Wenn Eltern um die Taufe ihres Kindes bitten, bringen sie zum Ausdruck: Bevor unser Kind selbständig denken, reden und handeln lernt, soll Gott es in seine Hand nehmen dürfen. Mit der Taufe bitten wir Gott um einen Vorschuss an Gnade, dass unsere Tochter, unser Sohn mit Jesus Christus glauben, hoffen, lieben kann.

Der Ort der Taufe

Eine Kirche mit Taufbecken und Taufbuch ist der richtige Ort für eine Taufe. Theoretisch könnten Taufen auch in idyllisch gelegenen Kapellen stattfinden. Der Sinn der Taufe wird besser erfasst, wenn die Taufe in einer Kirche mit Taufbecken erfolgt. Alle Pfarrkirchen sind damit ausgestattet. Zur Pfarrkirche gehören auch die Taufbücher, die in Europa oft Jahrhunderte zurückreichen. In dieses Taufbuch wird die erfolgte Taufe eingetragen und bleibt ein Leben lang und darüber hinaus das kirchliche Stammbuch eines Getauften. Auch bei Übersiedlungen ins Ausland vermerkt das Taufbuch alle weiteren Schritte im katholischen Glaubensleben wie Firmung, Ehe oder Priesterweihe. Über ein weltweites Netz von Pfarreien kann Auskunft gegeben werden, wenn Betroffene einen Taufschein oder eine Taufscheinergänzung haben möchten.

Klosterkirchen und Wallfahrtskirchen, die nicht zugleich Pfarrkirche sind, sowie Filialkirchen verfügen über diese Bücher nicht. Deshalb sind sie in der Regel keine Taufkirchen.

Bei Restaurierungsarbeiten in Flaurling entdeckten wir im Friedhof einen alten Taufstein, der in der Barockzeit und dann noch einmal Anfang des 20. Jahrhunderts durch modernere Taufbecken ausgewechselt worden war. Er steckte zu zwei Dritteln im Erdreich und war vorübergehend als Weihwasserspender verwendet worden. Nachdem wir ihn ausgegraben hatten, fanden wir zu unser aller Erstaunen die Jahreszahl 1496 eingraviert, also vier Jahre nach der Entdeckung Amerikas. Nun steht er wieder in der Pfarrkirche. Wenn ein Kind über diesem Taufbrunnen getauft wird, wird ersichtlich, wie weit zurück die Kette reicht, die uns vorangeht. Letztlich führt uns die Taufe noch weiter zurück, an den Jordanfluss in Judäa und in die Zeiten der Apostel.

Die Taufe ist Feier der großen Familie Gottes. Ein Mensch wird eingereiht in die Schar deren, die durch die Jahrhunderte an Jesus glauben.

Bei der Taufe am Taufbrunnen erleben wir den tiefen Zusammenhang zwischen Taufe und kirchlicher Gemeinschaft. Nicht die Verwandtschaft, sondern die Familie Gottes steht im Vordergrund. Ein Kind wird aber nicht nur in eine Pfarrei aufgenommen, sondern in die katholische Kirche. Das bedeutet, der Bezug zum Wohnort ist sinnvoll, aber nicht zwingend. Die Taufe kann auch in der Nachbarpfarrei oder in der Pfarrei der Großeltern stattfinden, wenn es einen nachvollziehbaren Grund dafür gibt. In diesem Fall gibt das Wohnpfarramt die Tauferlaubnis.

Taufen an einer Quelle im Wald oder bei einer Kapelle am Wegrand erfüllen nicht den Sinn des Geschehens. Die Taufe ist kein Naturritus und kein familiäres Einzelereignis. Sie ist die Aufnahmefeier in die große, weltumspannende Gemeinschaft der Christen.

Die Tauffeier beginnt am Kirchenportal

Nach römischem Recht wurden in der Antike Kinder erst dann als Teil der Familie anerkannt, wenn der Vater als *pater familias* das an der Hausschwelle abgelegte Neugeborene in seine Arme nahm und so in seine Familie aufnahm. Er konnte es auch liegen lassen, sich von ihm distanzieren und damit dem Kind das Lebensrecht absprechen. Bei behinderten oder unerwünschten Kindern kam das durchaus vor.

Das Abholen an der Schwelle am Beginn der Tauffeier übernahmen die Christen von den alten Römern. Aber mit einer neuen Bedeutung, die das Fallenlassen eines Kindes ausschließt: Du bist auf jeden Fall willkommen, ob du ein Wunschkind bist, unerwartet auf die Welt kamst oder mit einer Beeinträchtigung. Die katholische Kirche verteidigt den Wert des Lebens von der Empfängnis bis zum natürlichen Tod. Das soll schon vor der eigentlichen Taufe bei der Begrüßung vermittelt werden, wenn ein Kind von seinen Eltern bis zur Schwelle der Kirche gebracht und dort willkommen geheißen wird.

In diesen Augenblicken oder kurz vorher läuten im Kirchturm die Glocken. Die Taufe ist eine öffentliche Feier, auch wenn nur engste Angehörige teilnehmen. Dass hier ein Mensch öffentlich in die kirchliche Gemeinschaft aufgenommen wird, ist Anlass genug, die Glocken der Freude läuten zu lassen. Die Anwesenheit von Ministranten, der Mesnerin und vielleicht eines Mitgliedes des Pfarrgemeinderates unterstreichen den kirchlichen Charakter und die Freude über die Aufnahme eines neues Mitgliedes in die Gemeinschaft.

Der Taufspender kommt also vor das Gotteshaus und lädt Kind, Eltern, Paten und andere Geladene ein, in das Haus Gottes einzutreten. „Mit großer Freude begrüßt dich die Gemeinschaft der Glaubenden“, heißen die Begrüßungsworte hinter der Kirchenschwelle. Vorher fragt der Taufspender noch nach dem Namen des Kindes und der Bereitschaft der Eltern, das Kind taufen zu lassen und christlich zu erziehen.

Welchen Namen habt ihr eurem Kind gegeben?

Im Judentum wird dem Kind der Name durch den Vater gegeben. Bei Buben geschieht das gewöhnlich am Tag der Beschneidung. Bei Mädchen wird es etwas freier gehandhabt. Früher war bei Christen die Namensgebung eng mit der Taufe verbunden. Kinder wurden noch am Tag der Geburt oder am Tag darauf getauft. Oft gaben Eltern dem Kind einen Namen, der in Beziehung zum Kalendertag stand.

Einer meiner Vorgänger als Pfarrer wurde am 17. Januar geboren und deshalb Anton genannt. Aus dem Heiligenkalender hatten die Eltern den Namen des Tagesheiligen Antonius, des Mönchsvaters, gewählt. Heute ist der Name längst festgelegt, wenn ein Kind zur Taufe angemeldet wird. Er wurde am Tag der Geburt dem Standesamt gemeldet und ist in der Geburtsurkunde festgeschrieben. Manchmal haben Eltern einen exotischen Namen gewählt, der keinerlei Bezug zum Christentum aufweist. Darüber sagt das katholische Kirchenrecht im Canon 855: „Die Eltern, die Paten und der Pfarrer haben dafür zu sorgen, dass kein Name gegeben wird, der christlichem Empfinden fremd ist."

Kommen Eltern erst beim Taufgespräch drauf, dass der von ihnen gewählte Name keinen christlichen Hintergrund hat, bleibt noch eine Möglichkeit: Auf der Taufurkunde kann ein zusätzlicher christlicher

Name eingetragen werden. Dann wird das Kind zusätzlich z.B. Maria oder Georg genannt. Allerdings findet diese Änderung auf der Geburtsurkunde keinen Eintrag. Es ist ein zusätzlicher Taufname.

Was erbittet ihr für euer Kind?

Verschiedene Antworten sind möglich. Es können persönliche Aussagen der Eltern mit eigenen Worten sein. Allerdings sind Eltern oft überfordert, verbal auszudrücken, was sie in diesem Augenblick erbitten wollen. Die Aufmerksamkeit für das Kind, das manchmal angespannt und unruhig ist, und der öffentliche Charakter der Situation sind zu bedenken.

Da ist es besser, Mutter und Vater übernehmen die vorgeschlagenen Antworten im Taufrituale, dem kirchlichen Regiebuch für die Taufe: „Die Taufe." „Den Glauben." „Dass es ein Christ wird." „Dass es in Jesus Christus zum neuen Leben geboren wird." „Dass es in die Gemeinschaft der Kirche aufgenommen wird."

Alle diese Muster-Antworten sind schön und auf ihre Weise bedeutend. Ich persönlich empfehle den Eltern eine ganze einfache Formulierung: „Die heilige Taufe." Mit der Beifügung „heilig" unterstreichen sie, dass es um mehr geht als eine Formsache.

Der Sinn dieses Zwiegesprächs zwischen Taufspender und Eltern ist: Kein Mensch, der die Taufe empfangen hat, soll später das Gefühl haben: Ich wurde nur getauft, weil meine Oma drängte oder weil der Pfarrer meinen Eltern ins Gewissen geredet hat. Nein, es war die freie Entscheidung meiner Eltern und sie haben in diesem Augenblick bewusst in meinem Sinn entschieden.

Seid ihr bereit, euer Kind im christlichen Glauben zu erziehen?

Das ist eine bedeutsame Frage. Sie ist rasch beantwortet, mit einem einfachen „Ja". Hinter diesem Ja soll das Wissen stehen, was die Eltern ihrem Kind durch die Taufe Großes ermöglichen. Es geht um den Eintritt in den ewigen Bund Gottes mit uns Menschen. Den Eltern soll bei ihrem Ja auch bewusst sein, dass das Kind ihre große Unterstützung braucht, um in den gelebten christlichen Glauben hineinzuwachsen. Bereits in den ersten Lebensjahren vermitteln Mutter und Vater dem Kind Urvertrauen in Gott, die ersten Gebete, erste Gehversuche im Verzeihen, die ersten Schritte der Nächstenliebe. In der Familie wird neben der Muttersprache die Sprache der Liebe vermittelt, das liebevolle Gespräch mit Gott und die herzliche Zuwendung zum Mitmenschen.

Die Vorbereitungszeit auf die Taufe und die Tauffeier sind für viele Eltern eine Chance, im Glauben neu durchzustarten und ihre Bindung an Gott zu vertiefen.

Die Kindertaufe wurde im Laufe der Jahrhunderte forciert. In Zeiten der Kindersterblichkeit war sie Ausdruck der Sorge um das ewige Heil, dass das Kind sicher in den Himmel kommt. Voraussetzung war aber immer der grundsätzliche Wille der Eltern, das Kind im Glauben zu erziehen und so das Geschenk der Taufe zu entfalten. Einem Baum darf nach dem Einpflanzen nicht der Nährboden entzogen werden. Er würde trotz anfänglichem Begießen mit Wasser wieder vertrocknen. In manchen Pfarreien bekommen die Angehörigen nach der Tauffeier ein Fläschchen Weihwasser überreicht. Zuhause im Kinderzimmer kann es, in ein „Weihwasserkrüglein" gefüllt, helfen, vom Tag der Taufe an jeden Abend mit dem Kind zu beten und es vor dem Schlafengehen zu segnen.

Manchmal sagen Eltern, wir wollen unserem Kind die Möglichkeit der Taufe nicht vorenthalten, auch wenn wir selbst vom kirchlichen Glauben nicht so überzeugt sind. Unser Kind soll an der Gemeinschaft bei der Erstkommunion, Firmung, usw. teilnehmen können. Dieser Gedanke ist an und für sich gut. Trotzdem bleibt die Frage offen: Können Kinder in einer Gesellschaft wie der unseren gläubige Menschen werden ohne die ganz große Unterstützung der eigenen Familie. Wo lernt ein Kind das Christsein wenn nicht zuhause? Die Taufe ist ein guter Anlass, einen Schritt in die richtige Richtung zu gehen. Nur Mut, den Glauben neu zu beleben!

Versprechen der Paten

Das Wort Pate kommt vom lateinischen „patrinus“, Patin von „patrina“. Ohne uns zu lange bei der wörtlichen Bedeutung aufzuhalten, können wir mit einem gewissen Gespür für Sprache das Wort Pater (Vater) heraushören. Mit anderen Worten, die Patin bzw. der Pate übernimmt eine Art mütterliche bzw. väterliche Rolle. Wir können auch an den „Patron“ und die „Patronin“ denken, was wir mit Beschützer oder Sponsor wiedergeben können. Allerdings müssen wir gleich einen Rückzieher machen, sollte jemand den Sponsor materiell verstehen. Es geht nicht um den Goldonkel und die Geldtante. Das Kind soll mit dem Glaubensvorbild und der Glaubenshilfe der Paten gesponsert werden.

Paten sind Glaubensfreunde. Sie begleiten das Kind freundschaftlich und zwar ein Leben lang. Wichtig werden Paten später, wenn aus den Kindern Jugendliche werden. Hier haben Paten die schöne und wichtige Aufgabe, Ratgeber zu sein. Das geht dann am besten, wenn bis dorthin schon eine gute Basis gelegt wurde. Freund wird man nicht von heute auf morgen. Freundschaften entwickeln sich über das Prinzip Bewährung.

Meine Taufpatin und mein Firmpate, Tante und Onkel, haben mir selten Geldgeschenke gemacht. Aber ich weiß, dass sie für mich immer gebetet haben. Und je älter ich wurde, desto mehr konnte ich mir bei ihnen Rat einholen.

Manchmal sprechen Paten bei Taufen kurze Texte, vorgeformt oder selber geschrieben. Darin drücken sie aus, dass sie Verantwortung übernehmen, und das mit Freude und Dankbarkeit.

Geschenke der Paten können natürlich vielfältig sein. Besonders wertvoll ist das Geschenk der Zeit. Ab und zu soll etwas dabei sein, was den Glauben unterstützt: Eine erste Kinderbibel, ein Gebetbuch, ein christlicher Schlüsselanhänger. Das Wertvollste ist, wenn ein Pate täglich einmal sein Patenkind segnet. Das kann er von jedem Ort aus und zu jeder Tageszeit tun.

Einmal hatte ich bei einer Taufe einen engagierten Paten kennen gelernt. „Ich sage es euch“, sprach er zu den Eltern gewandt, „wenn ihr das Kind nicht in die Kirche bringt, stehe ich vor eurer Türe und hole es ab.“

Die Paten sind auch eine Art Familienhelfer. Sie unterstützen die Familie als Familie. Wenn z.B. bei-

de Eltern krank sind, sind Paten als Kinderfreunde erwünscht. Allerdings ist es wichtig, mit den Eltern noch vor der Zusage zur Patenschaft über die Erwartungen und Grenzen zu reden. Falsche oder übertriebene Erwartungen können sehr unangenehm werden, und zwar für beide Seiten.

„Dürfen es zwei Paten sein?", fragen Eltern manchmal. In manchen Ländern ist das sogar die Regel. Im katholischen Kirchenrecht, Canon 873, heißt es schlicht und einfach: „Es sind nur ein Pate oder eine Patin oder auch ein Pate und eine Patin beizuziehen." Also eine oder einer ist die Regel. Wenn es zwei sind, dann sollen es je ein Mann und eine Frau sein, gedacht ist wohl an ein Ehepaar.

Einen Kanon vorher ist im Kirchenrecht noch etwas Interessantes zu lesen. „Einem Täufling ist, soweit dies geschehen kann, ein Pate zu geben." Die Formulierung „soweit dies geschehen kann" besagt: Es wäre sehr gut, aber es muss nicht absolut sein, einen Paten zu haben. Besser keine Patin und kein Pate als jemand, der mit dem Glauben nichts am Hut hat oder nur ungern diese Aufgabe übernimmt.

Paten müssen katholisch sein, das bedeutet, als aktive Mitglieder der katholischen Kirche angehören. Evangelische, anglikanische oder orthodoxe Christen können gemeinsam mit einem katholischen Paten Taufzeugen sein. Das ist keine kirchliche Sanktion. Es ist Respekt gegenüber dem Taufversprechen, das die Paten bei der Taufe ablegen. Die katholische Kirche kann niemanden dazu verpflichten, im Taufversprechen etwas zu bejahen, was nicht seiner Überzeugung entspricht. Spätestens bei der Frage „Glaubt ihr … die heilige katholische Kirche“ wird ein nicht katholischer Mensch ins Stocken geraten und sagen, ja das glaube ich schon irgendwie, aber so ganz, wie die katholische Kirche das versteht, doch nicht. Was Taufzeugen durchaus können, ist die Übernahme von Mitverantwortung für dieses Kind. Ein evangelischer Christ kann als Taufzeuge mit dem Kind an Jesus glauben. Was er bzw. sie nicht so gut kann, ist, das Kind auf dem Weg der weiteren Sakramente wie Erstkommunion, Firmung, Beichte, Ehe zu begleiten. Geradezu unmöglich ist das bei Katholiken, die aus der Kirche offiziell ausgetreten sind. Sie können nicht versprechen, ein Kind für etwas zu begeistern, wovon sie sich selber distanziert haben. Für solche Menschen ist die Taufpatenschaft ein willkommener Anlass, wieder in die Gemeinschaft der Kirche zurückzukehren. Jeder Taufspender wird sich freuen, wenn so etwas geschieht.

Das Kreuzerl auf die Stirn

Kreuzl oder Kreuzerl, sagen die Österreicher, Südtiroler und Bayern und sie meinen das durchaus liebevoll. Das Kreuz auf die Stirn ist ein Segenszeichen. Das macht nicht jeder. Es ist etwas Besonderes. Eltern und Paten tun das an dieser Stelle aus einem besonderen Grund. Gerade haben sie feierlich versprochen, das Kind im Glauben zu erziehen. Nun fangen sie gleich damit an. Sie setzen sozusagen den ersten Schritt und nehmen sich vor, es zuhause weiter zu führen. Die christliche Erziehung eines Babys braucht nicht viele Belehrungen. Sie lebt von vielen kleinen Zeichen. Am Abend vor dem Schlafengehen können Eltern täglich das Kreuzchen auf die Stirn wiederholen. Dabei können sie so oder ähnlich sagen: Gott segne dich! Jesus liebt dich! Schlaf gut ein mit Gott! Gott behüte dich!

Bis zum sechsten Lebensjahr sind Eltern die ersten Religionslehrer. Von ihnen lernen Kinder das Vertrauen zu Gott.

Gemeinsam mit Eltern und Paten und als erster in der Reihe macht der Taufspender, Priester oder Diakon, das Kreuzzeichen auf die Stirn des Taufkindes. Dazu spricht er: „Mit großer Freude empfängt dich die Kirche Gottes. In ihrem Namen bezeichne ich dich mit dem Zeichen des Kreuzes.“

Nach den Eltern schließen sich die Paten mit dem Kreuzzeichen an. Sie wollen ein Segen für das Kind sein. Es ist übrigens ein besonders schönes Taufgeschenk von bleibendem Wert, wenn Paten dem Kind eine Halskette mit einem kleinen Kreuz schenken. Dieses kann am Ende der Tauffeier noch extra gesegnet werden. Schon oft bin ich Kindern und Erwachsenen begegnet, die dieses Taufandenken wie einen kleinen Schatz bewahren.

Gerne erinnere ich mich an eine christliche Pfadfindergruppe, die im Wald kampierten. Sie luden mich zu einem Besuch ihres Zeltlagers ein. Am Abend beteten die Gruppenleiter das Abendgebet. Zur Einleitung sagte der Verantwortliche: „Wir schämen uns nicht nur nicht, katholische Christen zu sein. Wir sind stolz darauf." Ähnlich können Eltern und Paten stolz darauf sein, dass sie das Leben ihres Kindes unter das Zeichen des Kreuzes stellen. Zu Jesus Christus zu gehören ist keine schwere Last, sondern ein großes Geschenk.

Die biblische Lesung

Die Feier wird fortgesetzt mit dem Hören auf Gottes Wort. Jetzt ist der Moment, in dem sich alle Versammelten an der biblischen Offenbarung orientieren. Auch die Fotografen sind eingeladen, zuzuhören. Meistens handelt es sich um eine kurze Bibelstelle, ein paar Worte von Jesus oder seinen Jüngern. Der biblische Text kann frei gewählt werden. Jemand aus der Verwandtschaft kann ihn vortragen oder der Taufspender selber. Alle Anwesenden sollen durch das Wort Gottes an das Wirken Gottes allgemein und für den Einzelnen erinnert werden.

Bei biblischen Namen der Taufkinder kann ein Abschnitt aus dem Buch Samuel, etwas über David, Rebekka, Noah, Sarah oder Rut vorgetragen werden. Eltern sind ganz glücklich, wenn sie erfahren, dass der Name ihres Kindes biblischen Ursprungs und Teil der Heilsgeschichte Gottes mit den Menschen ist.

Je nach Kirchenjahreskreis kann von der Taufe Jesu oder einem anderen Ereignis aus seinem Leben gelesen werden. Highlights der Tauflesungen sind „Jesus und die Kinder“ und der sogenannte „Taufauftrag an die Jünger“ im letzten Kapitel des Matthäusevangeliums. Je nach Stimmungslage des Taufkindes kann der Taufspender eine kleine Ansprache hinzufügen. Sie soll kurz sein und der Prediger möge sofort aufhören, wenn das Kind lautstark auf sich aufmerksam macht.

Anrufung der Heiligen

Jedes Kind hat seinen Geburtsort und seine Staatsbürgerschaft. Das sind Grunddaten des Lebens, die dokumentiert sind. Den Geburtsort können wir nie rückgängig machen. Die Staatsbürgerschaft kann unter Umständen gewechselt werden. Manche Staaten erlauben zwei Staatsbürgerschaften, z.B. bei Persönlichkeiten des öffentlichen Lebens, die sich Verdienste um die Gesellschaft gemacht haben. In der Taufe empfängt ein Erdenbürger die Himmelsbürgerschaft: „Ihr seid also jetzt nicht mehr Fremde und ohne Bürgerrecht, sondern Mitbürger der Heiligen und Hausgenossen Gottes" (Eph 2,19).

Der Erwerb der himmlischen Bürgerschaft wird eingeleitet mit der Allerheiligenlitanei. Bevor das Kind die Taufe empfängt, soll allen Anwesenden bewusst werden, in welche Art von Gemeinschaft es aufgenommen wird. Es ist die himmlische Familie, die Hausgemeinschaft Gottes. Das zu bedenken ist wichtig für das Verständnis der Taufe. Denn die Taufe ist die Feier der Aufnahme in die Gemeinschaft der Kirche. Heutzutage sind viele Menschen zu Recht oder zu Unrecht von der Kirche enttäuscht. Das Bodenpersonal Gottes lehnen sie weitgehend ab, nur den Himmel lassen sie gelten. Bei der Taufe wird offenkundig, dass die Kirche weit mehr ist als nur der Papst, der Pfarrer und die schwarzen Schafe. Sie ist eine Gemeinschaft, die Erde und Himmel umschließt. Der größere und wichtigere Teil der Gemeinschaft ist bereits im Himmel. Ein Getaufter ist

Teil der derzeit 1,3 Milliarden Katholiken bzw. 2,4 Milliarden Christen weltweit. Er gehört aber auch zur noch größeren Familie Gottes im Himmel. Die Heiligen sind seine Freunde, Helfer und Beschützer. Deshalb wird als wichtiger Schritt auf dem Weg zur eigentlichen Taufspendung der Himmel bestürmt. Alle Himmelsbewohner sollen helfen, dass das Taufkind in ihre Gemeinschaft aufgenommen wird. Die Gottesmutter Maria, der heilige Josef, Johannes der Täufer, Petrus und Paulus stehen in dieser Litanei an erster Stelle. Dann können die Namenspatrone der Kinder und die Namenspatrone der Eltern und Paten folgen. Auch die Lieblingsheiligen der Uroma dürfen genannt werden.

Bei der Verleihung der himmlischen Bürgerschaft im Zuge der Taufe sind also ganz viele Helfer beteiligt. Von da her erübrigt es sich, zu erklären, dass die Taufe niemals eine rein private Feier der Blutsverwandten ist. Sie ist Feier der Kirche im umfassenden Sinn. Himmlische und irdische Kirche vereinen sich, um die Aufnahme eines Taufbewerbers zu begleiten.

Die Fürbitten

Im Anschluss an die Anrufung der Heiligen folgen die Fürbitten. Die meisten Taufspender überlassen die Formulierung ganz den Eltern. Zu Recht! Das ist sozusagen der Ort, wo die persönliche Art zu beten erwünscht ist. Die eine oder andere Bemerkung dazu. Fürbittgebete sind keine literarischen Werke. Sie müssen nicht klug ausgefeilte Texte sein. Es ist besser das Herz sprechen zu lassen. Was möchten wir am Tag der Taufe unseres Kindes Gott sagen? Was erfüllt uns mit Dank, Sorge, Bitte, Freude?

Meine Empfehlung an alle Taufeltern ist: Hände weg von „google". Wie oft habe ich bei Tauffeiern erlebt, dass alles aus dem Internet abgeschrieben war, was als Fürbitten vorgetragen wurde. Das sind dann keine persönlichen Gebete mehr. Sie entsprechen nicht der persönlichen Beziehung zu Gott, die bei dieser Gelegenheit aufgebaut werden soll.

Die Fürbitten dürfen auf das Kind ausgerichtet sein, sollen sich aber nicht darin erschöpfen. Es gibt so viele Sorgen auf der Welt. Ein Teil dieser Nöte darf auch bei der Feier des eigenen Kindes angesprochen werden: Für Kinder, die krank sind, Not leiden, an Hunger sterben. Für den Zusammenhalt in der Familie, mit den Nachbarn und darüber hinaus. Für die gesellschaftlich Verantwortlichen, die das soziale Umfeld der Kinder mitbestimmen.

Fürbitten sind Gebete, die sich an Gott richten. Also, keine guten Wünsche an das Kind. Sie beginnen immer mit: Vater im Himmel, Herr unser Gott, Herr Jesus Christus … Die Fürbitten sollen ein kleines Zwiegespräch der Mitfeiernden mit Gott sein, um dem Kind zu vermitteln: Neben den Helfern im Himmel sind auch wir deine Helfer, die deinen Weg zu Gott begleiten. Du wirst in einer Familie aufwachsen, die dich zu Gott hinführt.

Ein paar Mal war ich überrascht vom Tiefgang der selbst formulierten Fürbitten, nicht in dem Sinn, dass sie sprachlich so gut formuliert waren, sondern inhaltlich. An eine erinnere ich mich besonders gut. Sinngemäß beteten die Eltern: „Lieber Gott, hilf uns, dass wir unser Kind nicht zu sehr lieben, damit wir ihm die Freiheit ermöglichen." Gemeint war die Bitte um Bewahrung vor einer besitzergreifenden Liebe durch die Eltern, die das Kind in seiner freien Entfaltung behindern würde.

Auch der verstorbenen Familienangehörigen darf bei den Fürbitten gedacht werden. Umso mehr, wenn sie selber gläubig waren, das schafft im Augenblick der Taufe eine besondere Nähe und Verbindung.

Befreie dieses Kind von der Erbschuld …

Wir sind immer noch bei der Vorbereitung auf die eigentliche Taufspendung. Was bei Erwachsenentaufen verteilt über die letzten Wochen der Vorbereitungszeit erfolgt, ist in der Kindertaufe komprimiert. Nach der letzten Fürbitte wird vom Taufspender ein Gebet um Befreiung und Schutz gesprochen: Kein Feind soll dem Kind schaden können. Aus der Hand aller finsteren Mächte herausgenommen soll es in die Hand Gottes gelegt werden. Deshalb breitet der Taufspender an dieser Stelle seine Hände schützend über das Taufkind aus.

Soweit so gut. Keine Mutter und kein Vater haben dagegen Einwände. Geschützt und behütet soll das Kind auf alle Fälle sein. Das kirchliche Befreiungsgebet geht an dieser Stelle aber weiter. Wovon soll dieses unschuldige, kleine Kind befreit werden? „Es hat doch alles und wir haben ihm sicher keine Sünde vererbt", denken Eltern.

Die Befreiung gilt der Erbschuld. Das ist ein theologisches Fachwort und bedarf einer Erklärung. Es geht um den Zustand der Welt, in die ein Mensch hineingeboren wird. Welches Welt- und Menschenbild haben wir? Wer sind wir? Ich erinnere mich an den Philosophieunterricht. Da ist das Wort „tabula rasa" bei mir hängengeblieben. Der Mensch sei am Beginn seines Lebens ein unbeschriebenes Blatt, eine leere Tafel. Alles sei nach vorne offen. Ausgangspunkt des Lebens ist eine grundsätzlich positive Veranlagung, die keiner Korrektur bedürfe. Antiautoritäre Erziehung war einmal eine Tendenz, die den „tabula rasa“-Gedanken auf die Spitze trieb: Lasst das Kind sich frei entfalten ohne besondere erzieherische Vorgaben.

Es gibt aber auch die andere Theorie. Der Mensch komme schon verdorben auf die Welt. Erzieher müssten hart zugreifen, weil im Kern des Menschen nichts Gutes sei. Eine Erziehungsmethode, die von der „gesunden Watschen“ ausgeht oder meint, eine „Tracht Prügel“ hätte noch niemandem geschadet, stammt aus dieser Ecke.

Die katholische Auffassung ist eine andere: Der Mensch ist Gottes Geschöpf. Gottes Ebenbild. Das einzige Geschöpf auf dieser Erde, das Gott um seiner selbst willen erschaffen hat, sagt das Zweite Vatikanische Konzil. Aber dieses Geschöpf ist erblich belastet. Ein Bild: Jeder Neugeborene ist in den Augen

Gottes wertvoll wie ein Engel. Aber wir starten ins Leben sozusagen mit gebrochenen Flügeln. Soweit ich mich erinnern kann, stammt dieser Vergleich von Albino Luciani, dem späteren Papst Johannes Paul I., sinngemäß hat er gesagt: „Wir sind eine Art Engel, der keine Flügel mehr hat."

Woher kommt dieser Bruch? Das erste Buch der Heiligen Schrift erzählt in bildreicher Sprache von Adam und Eva. Es entzieht sich unserer Kenntnis, wie sehr die biblische Erzählung im Detail geschichtlich aufzufassen ist. Garten, Baum und Schlange sind Bilder, die eine Wirklichkeit beschreiben: Gott ist der Urheber des Menschen und der ganzen Schöpfung. Er hat Mann und Frau wunderbar erschaffen. Sie sollen freie Geschöpfe und doch ganz bei Gott zuhause sein. Es gibt für sie nur eine einzige Bedingung, einen Auftrag: Im Schutzraum Gottes zu bleiben, seine Gebrauchsanweisung zu beachten.

Adam und Eva übergingen die Urheberrechte Gottes und wollten sich ihre eigenen Regeln geben. Der Baum im Paradies hieß „Baum der Erkenntnis von Gut und Böse". Adam und Eva sündigten also nicht dadurch, dass sie verbotenes Obst aßen. Ihre Sünde war viel grundlegender. Der Mensch wollte selber „erkennen", was Gut und Böse ist. Das ist der unerlaubte Griff nach absoluter Freiheit und Autonomie. Es erfolgte die Abnabelung des Menschen von seinem Ursprung. Wir nennen das die „Ursünde". Die Menschen wurden unabhängig von Gott. Aber das war kein Segen, sondern ein Fluch. Sie verloren die unbeschwerte Freundschaft mit Gott. Statt im Garten, dem familiären Bereich Gottes, zu bleiben, landeten sie auf der harten Erde.

Weil Eva und Adam im Anschluss an ihre Sünde die enge Bindung an Gott nicht mehr besaßen, konnten sie sie auch nicht weitervererben. Was sie stattdessen weitergaben, nennen wir die „Erbsünde" oder „Erbschuld". Erbschuld ist ein ererbter Gottesmangel, der allen Menschen anhaftet. Der Begriff Erbschuld bedeutet, dass wir Menschen zwar Geschöpfe Gottes sind, aber eben nur Erdenmenschen. Die himmlische Bürgerschaft und der familiäre Umgang mit Gott sind weg.

... stärke es mit der Gnade Christi

Genug davon. Uns geht es bei der Taufe um die Befreiung, nicht um die Beschreibung des Mangels. Wir Christen haben eine wunderbare Botschaft: Jesus hat die Brücke zwischen Himmel und Erde wieder hergestellt. In ihm ist Gott selber auf die Welt gekommen. Wir nennen Jesus den Erlöser. Er hat den Garten wieder aufgeschlossen, in dem der Mensch in Gottesfreundschaft leben kann.

Konkret wird die Erlösung durch Jesus bei der Taufe. Dort wäscht das Wasser alles ab, was bloße Erde an uns Menschen ist. Gleichzeitig zieht mit dem Wasser der Himmel, Gott selber, in uns ein. Ein Mensch wird reingewaschen von der Erbschuld, das ist die bloße Erde, und wird mit Gnade erfüllt, das ist der reine Himmel. Ein Geschöpf Gottes wird Kind Gottes, ein Teil der himmlischen Familie. Wasser reinigt und ermöglicht neues Leben.

Ein Erlebnis in einer Innsbrucker Bäckerei. Eine Obdachlose kommt in den Bäckerladen. Die Verkäuferin schenkt ihr ein kleines Gebäck. Die mittellose Frau geht dankbar weg. „Sie ist auch ein Kind Gottes!“, sagt die Verkäuferin hinter ihr her. Mehrere Menschen stehen im Geschäft. Ein Muslim, der gerade auch Brot einkauft, ruft von hinten heraus: „Nein, kein Kind Gottes, ein Geschöpf Gottes!“ Eine Studentin hat mir den Vorfall persönlich bezeugt. Ein kleiner, aber entscheidender Unterschied: Geschöpf und Kind. Auch Moslems, Juden und Mitglieder anderer Religionen glauben an einen Schöpfergott. Dass ein Mensch Kind Gottes sein darf, das gibt es nur im Christentum.

Leider sind wir Christen uns dieser frohen Botschaft oft nicht bewusst. In der Taufe kommt Gott uns so nahe, dass zwischen ihm und uns ein familiäres Band entsteht. Wir dürfen Gott Vater nennen.

Warum konnte der Moslem im Bäckerladen das nicht akzeptieren? Nach christlicher Auffassung ist auch er ein wertvolles Geschöpf Gottes, dazu berufen, eines Tages die Gotteskindschaft zu empfangen. Aber in seiner Religion ist das Bewusstsein dafür nicht vorhanden. Nie würde ein Moslem auf den Gedanken kommen, Gott in familiärer Weise als Vater anzureden. Das wäre aus seiner Sicht respektlos. Der Abstand zwischen Gott und Mensch ist für Muslime und Mitglieder anderer Religionen unendlich groß. Für sie gibt es nicht die Brücke, die Jesus heißt, in dem Gott einer von uns geworden ist. Nur wir Christen kennen Jesus als Sohn Gottes, durch den wir zu Gott Vater sagen dürfen.

Segnung des Wassers

Im Notfall genügt eine Handvoll Wasser vom Brunnen. Hebammen haben das schon bei Nottaufen im Krankenhaus gemacht. Im Normalfall wird das Wasser für die Taufe geweiht. Nicht mit selbst erdachten Formulierungen des Taufspenders. Es ist eine feierliche Anrufung Gottes über dem Wasser verbunden mit Lobpreis. Im Taufrituale stehen mehrere Varianten zur Auswahl. Begabte Sänger dürfen das Weihegebet sogar singen, um die Würde des Taufgeschehens hervorzuheben. Gerne verwende ich das Segensgebet, bei dem die Mitfeiernden mitbeten können. Sie antworten auf den Lobpreis „Wir loben dich." – mit „Wir preisen dich." In der Praxis hat sich diese Art des Wechselgebetes gut bewährt.

Manchmal bringen Angehörige ein Fläschchen Jordanwasser zur Taufe mit. Es stammt aus einem Aufenthalt im Heiligen Land und wurde aus dem Jordanfluss geschöpft. Dort hat die Taufe Jesu stattgefunden. Ich persönlich mische dann das Wasser aus dem Jordan gerne mit Wasser aus dem Tiroler Gebirge. Kaum ein Land der Welt verfügt über so zahlreiche und wertvolle Wasserquellen wie wir in den Alpen. Wie dankbar sind wir dafür.

Schön, dass Jesus das Wasser zum Zeichen für das Gottesgeschenk der Taufe erwählt hat. Nicht Sand, nicht Rosenblüten werden über uns gestreut, sondern das Grundelement des Lebens und Überlebens. Ohne Wasser kein Leben. Wasser löscht den

Durst. Wasser reinigt. Wasser fließt. Wie das Naturelement Wasser die Erde zu einem bevorzugten Lebensraum macht, so öffnet das Wasser der Taufe den Lebensraum Gottes für uns. Schon im ersten Buch der Bibel wird das schöpferische Handeln Gottes mit dem Wasser in Verbindung gebracht: „Gottes Geist schwebte über dem Wasser“ (Gen 1,2). Und von Jesus wird gesagt, dass nach seinem Tod Wasser aus seinem Herzen strömte (Joh 19,34). Aus dem Fruchtwasser unserer Mutter werden wir Menschen für die Erde geboren. Aus dem Taufwasser werden wir neu geboren für den Himmel.

Ich widersage – ich glaube

Das Taufversprechen oder Taufgelöbnis hat zwei Teile. Einen abgrenzenden Teil und einen zustimmenden Teil: „Ich widersage!“ „Ich glaube!“ Es geht um ein Nein zu dem, was vor Gott negativ ist, und um ein Ja zu dem, was den Inhalt unseres Glaubens ausmacht.

Ziemlich altertümlich, denkt jemand, der die Formulierungen des Taufversprechens zum ersten Mal hört. Bei näherem Hinsehen entdecken wir die Aktualität. Was ist leichter, zu allem Ja zu sagen oder sich eine eigene Meinung zu bilden? Als Christen sollen wir Farbe bekennen. In einigen wesentlichen Punkten stellt der christliche Glaube einen deutlichen Kontrast zum gesellschaftlichen Klima dar. Immer wieder werden wir sagen, da mache ich nicht mit: „Ich widersage!“

Genau das will der erste Teil des Taufversprechens mit dem dreimaligen „Ich widersage“. Ein Christ ist ein Mensch, der Gott alle Ehre gibt und deshalb zurückweist, was gegen Gott ist oder von Gott wegführt. Alles Widergöttliche soll im Leben eines Getauften keinen Platz haben. Deshalb sagen Eltern und Paten „Nein“ zu allen Formen des Bösen. Nicht nur das Böse, auch der Böse wird ausdrücklich genannt: „Widersagt ihr dem Satan, dem Urheber des Bösen?“ Wir distanzieren uns bei der Taufe auch von ihm.

Übrigens ist das Taufversprechen eine der wichtigsten Aufgaben der Paten. Sie sind für ihre Patenkinder Glaubensfreunde und keine reinen Geschenkeverteiler. Die vornehmste Aufgabe der Patin und des Paten besteht darin, dem Kind in freundschaftlicher Weise zu helfen, Schritt für Schritt in den katholischen Glauben hineinzuwachsen. Dabei ist wichtig, dass Patin und Pate selber eine frohe und entschiedene Freundschaft mit Jesus Christus leben.

Für Eltern und Paten ist das Taufversprechen ein heiliger Moment. Sie haben anlässlich der Taufe ihres Kindes die Möglichkeit, sich wieder einmal neu zu orientieren. Um ihres Kindes willen geben sie Gott diese Zusage: Ich glaube an dich und bejahe alles, was Jesus gelehrt hat, was die Apostel überliefert haben und was uns durch die kirchliche Gemeinschaft an Glaubensinhalt vermittelt wurde. Die zentralen Inhalte des „Glaubensbekenntnisses" werden beim Taufversprechen in drei Teilen als Frage vorgelegt: Glaubt ihr an Gott, den Vater ...? Glaubt ihr an seinen Sohn Jesus ...? Glaubt ihr an den Heiligen Geist ...?

Ein Kind wird bei der Taufe in eine große Gemeinschaft aufgenommen. Sie ist nicht nur geografisch weitreichend, weil es weltweit Katholiken gibt. Die Gemeinschaft ist auch zeitlich weitreichend. Den Glauben an den Dreifaltigen Gott haben vielleicht schon unsere Ur-Ur-Urgroßeltern bekannt. In manchen Kirchen sind die Taufbecken noch viel älter als das in der Gemeinde Flaurling gefundene von 1496. In der Stadtpfarrkirche Landeck in Tirol entdeckten Archäologen ein Taufbecken aus dem 5. Jahrhundert. Unglaublich, dass in 1500 Jahren Menschen auf denselben Glauben getauft wurden: Im Namen des Dreifaltigen Gottes, im Auftrag Jesu, in der Gemeinschaft der Kirche.

Wenn Eltern sich nicht in allen Formulierungen des Taufversprechens wiederfinden, können sie an diese große Tradition denken. Sie sind Glied einer langen und kostbaren Kette. In der Taufe übergeben sie ihr Kind nicht irgendeiner Modereligion, sondern stellen es unter den Schutz eines Glaubens, der Jahrhunderte überstanden und sich bewährt hat.

In vielen Ländern hat das Taufversprechen noch mehr Bedeutung. Besonders dort, wo Menschen als Erwachsene getauft werden. Mit dem dreimaligen „Ich glaube!" entscheiden sie sich bewusst für eine ganz neue Form des Lebens. Oft wagen sie einen großen Bruch mit ihrem bisherigen Leben. Wird ein Moslem Christ, bedeutet das in vielen Ländern, dass er sich in Todesgefahr begibt. Einen solchen Menschen möchte ich kurz vorstellen, weil ich ihm selber begegnet bin. Ich nenne in einfach Habib.

Habib hatte in seiner Heimat Pakistan an der Uni studiert. In der Studentenmensa war ihm ein junger Mann aufgefallen, der von anderen immer wieder gemobbt wurde, dabei aber freundlich blieb. Der Mitstudent beeindruckte Habib. Eines Tages fragte er ihn: „Wie kannst du so gütig bleiben, wenn andere dich drangsalieren?“ Jener vertraute ihm an, dass er Christ sei und an Jesus glaube. Jesus habe gelehrt, dass man auf Ablehnung und Hass mit Liebe antworten müsse. Habib bekam von ihm eine Bibel geschenkt und begann darin zu lesen. Eines Nachts sah er Jesus im Traum und spürte, wie Jesus ihn bei der Hand nahm.

Nach einer Zeit der Vorbereitung ließ er sich taufen. Das konnte nicht unbemerkt bleiben. Seine leibliche Schwester spürte, dass mit ihm etwas anders geworden war und stellte ihn zur Rede. Er verheimlichte ihr seine Entscheidung nicht. Es war der schwierigste Moment seines Lebens. Da alle seine Familienmitglieder Muslime radikaler Richtung sind, musste Habib innerhalb weniger Minuten die Flucht ergreifen, um sein Leben zu retten. Zu Fuß und allein ging er nach Europa, an die 6000 Kilometer. Seitdem hat er nichts mehr von seiner Familie gehört. Es ist zu gefährlich, auch nur mit einem Familienmitglied

Kontakt aufzunehmen. Der Glaube an Jesus war ihm das wert. Habib ist überzeugt, dass Jesus ihn zum Glauben gerufen hat. Und er weiß, dass Jesus ihn auch weiterhin an seiner Hand führen wird.

Was beim Taufgespräch Platz haben darf, sind Hinweise auf die Lebensweise eines Christen. Wenn Eltern und Paten feierlich dem Bösen absagen und zu Gott ja sagen, muss das Konsequenzen in der Lebensführung haben. Sie sollen wenigstens einen ersten Schritt neu auf Gott zugehen.

Oft haben Taufeltern nie so richtig beten gelernt oder es wieder verlernt: Betet bis zur Taufe und danach täglich einmal das Vaterunser und behaltet das in eurem Leben bei, können wir Taufspender sie bitten. Oft sind Paare nicht kirchlich verheiratet, wenn sie ihr Kind zur Taufe anmelden: Denkt bitte ernsthaft über den Empfang des Ehesakramentes nach und sprecht miteinander offen darüber. Auch diese Einladung hat ihre Berechtigung. Oft sind Mutter und Vater schon lange nicht mehr Teil der sonntäglichen Feiergemeinde gewesen: Nehmt wieder daran teil, kann der Impuls beim Taufgespräch heißen. Manchmal gibt es familiären Konflikt: Ladet die gekränkten Verwandten vielleicht doch zur Taufe ein.

Ich taufe dich im Namen des Vaters und des Sohnes und des Heiligen Geistes

Wir Christen glauben an einen Gott, der Gemeinschaft ist. Wir glauben, dass Gott Vater ist. Dass er einen ewigen, ihm wesensgleichen Sohn hat. Dass der Heilige Geist das Band ewiger Liebe zwischen Vater und Sohn ist. Und dass der Vater, der Sohn und der Heilige Geist vollkommen eins sind. Der eine und dreifaltige Gott ist in seinem Wesen schenkende Liebe. Diese verwirklicht sich nach innen in den drei göttlichen Personen. Sie geht aber auch nach außen. Das Gute will sich mitteilen. Es bezieht sich grundsätzlich auf alle Geschöpfe, die in Gott ihren Ursprung haben. „Du liebst alles, was ist, und verabscheust nichts von dem, was du gemacht hast" (Weis 11,24).

Wasser reinigt und ermöglicht Leben

Zuerst muss die Mangelkrankheit, von der wir gesprochen haben, behoben werden. Bei der Taufe wird die Sünde, die wie ein Virus über der gesamten Menschheit lastet, durch das Wasser aus einem Menschenherzen gewaschen. Die Taufe auf den dreifaltigen Gott als Vater, Sohn und Heiligen Geist ist der Neustart, um am Leben Gottes teilzuhaben. Gott will in einem Menschen wohnen. Mit dem Wasser der Taufe strömt Gottes Liebe in ein Menschenherz ein. Gott selber lebt auf dem Grund unserer Seele.

Nur auf dem Hintergrund des Glaubens an den Dreifaltigen Gott gibt es diese Nähe zwischen Gott und Mensch, wie sie in der Taufe sich verwirklicht. Wenn Gott in seinem Sohn nicht selber Mensch geworden wäre, also einer von uns, gäbe es keine Gotteskindschaft, keine familiäre Gott-Mensch-Beziehung. Wir wären noch immer weit entfernt vom eigentlichen Himmel. Bei der Taufe macht der echte Sohn Gottes aus Menschenkindern per Adoption Töchter und Söhne Gottes.

Untertauchen

Die Taufe geschieht zumeist durch ein einfaches dreimaliges Übergießen des geweihten Wassers. Das ist der Moment, in dem der Himmel über einem Menschen aufgeht. Der Heilige Geist wird aktiv und Gott, der Vater, sagt zu diesem Kind: Du bist mein geliebter Sohn. Meine geliebte Tochter. Der eigentliche Taufspender ist nicht der Priester oder Diakon oder sonst eine von der Kirche beauftragte Person. Der eigentliche Taufspender ist Christus. Er schenkt in diesem Augenblick dem Kind seine bleibende Freundschaft.

Schon oft habe ich erlebt, wie im Augenblick der Taufe, beim Übergießen des Wassers, Väter und Mütter Freudentränen in den Augen hatten. Manchmal hatte auch das Kind selber ein Leuchten in den Augen und die ganze Verwandtschaft war sichtlich

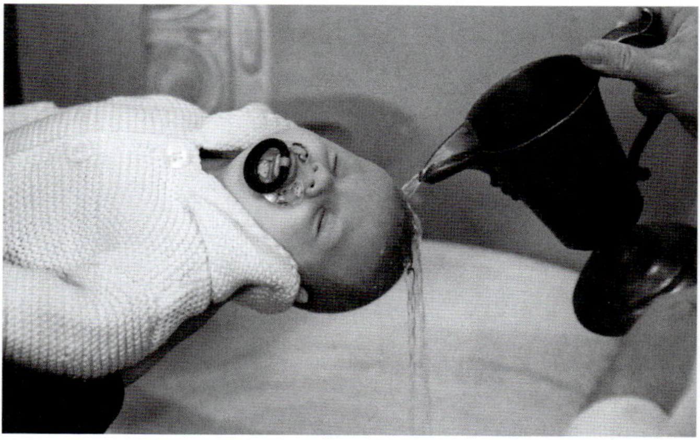

berührt. Es kann natürlich auch sein, dass das Kleinkind schreit, selbst dann ist es möglich, im Glauben die Gewissheit zu haben: Jetzt wurde aus einem Menschenkind ein Gotteskind.

In manchen, vor allem wärmeren Ländern gibt es die Taufe durch Untertauchen. Nicht die Menge des Wassers macht eine Taufe aus. Aber beim Untertauchen kommt ein Aspekt stark zum Vorschein, der sonst bei der Babytaufe leicht untergeht. Die Taufe ist ein Unter- und ein Auftauchen. Es ist die sinnbildliche Vereinigung mit Jesus, der am Kreuz den Tod erlitten, also untergegangen, dann aber auferstanden, also wieder aufgetaucht ist. Bei der Taufe soll ein Mensch am Schicksal Jesu teilnehmen: Sein Tod und seine Auferstehung sollen uns prägen. Der rein irdisch gesinnte Mensch soll untergehen, der himmlische soll leben. Ein ganz neuer Lebensabschnitt beginnt.

Wie neugeboren

„Lasst uns beten zu Gott, dem allmächtigem Vater, dass er diesem Kind aus dem Wasser und dem Heiligen Geist neues Leben schenke." Im Segensgebet zur Taufwasserweihe ist also vom „neuen Leben" oder von „neu geboren werden" die Rede.

Den Augenblick, in dem ein Mensch das Licht der Welt erblickt, nennen wir Geburt. Begonnen hat das Leben ja schon neun Monate früher. Mit der Geburt fängt das eigenständige Leben auf dieser Erde an. Aber mit jedem Menschenleben ist auch ein Ende verbunden. Der Eintrag im Standesamt anlässlich der Geburt wird mit Sicherheit mit einem weiteren Eintrag anlässlich des Todes enden.

Die neue Geburt der Taufe schenkt uns Leben, das über diese Zeit hinausgeht. Bei der Taufe werden wir für das Leben mit Gott geboren. Dieses Leben hat einen Anfang, soll aber kein Ende nehmen, weil die glückliche und endgültige Vereinigung mit Gott im Himmel das Ziel ist.

Nach einer Taufe bekam ich folgenden Brief von zufriedenen Eltern: „Wir bedanken uns bei ihnen, lieber Herr Pfarrer, für die schöne Tauffeier. Wir freuen uns, dass unser Kind die himmlische Bürgerschaft erhalten hat."

Eines Tages präsentierte mir eine Musikgruppe fünf Minuten vor der Feier den „Ewigen Kreis" als Ein-

gangslied für eine Taufe. Nichts ahnend ließ ich sie das Lied singen. Unmittelbar danach musste ich ein paar Sekunden Pause einlegen, tief durchatmen und … dann schnell das Thema wechseln. Was war passiert? Der „Ewige Kreis“ spricht vom Kreislauf des Lebens, von unveränderlichen Gesetzen der Natur, von ewiger Wiederkehr. Elton John und Tim Rice haben den Song für den Kinofilm „König der Löwen“ geschaffen. Ein berührender Film mit großartigen Szenen, sogar spirituell. Aber eben ganz anders als wir Christen glauben.

Wir Christen bekennen bei der Taufe das Gegenteil von Ewigem Kreis. Jesus hat den Kreislauf vom ewigen Geborenwerden und Sterben, von Fressen und Gefressenwerden durchbrochen. Mit seiner Auferstehung hat er uns aus dem Kreislauf des Universums herausgerissen. Die Taufe ist ein neuer Anfang, eine neue Geburt, nicht gegen die Gesetze der Natur, aber über sie hinaus. Bei der Taufe legen wir einen Menschen in die Hand Gottes, damit er den ewigen Naturkreislauf überwinden kann und sein Ziel bei Gott erreicht.

Wasser, Duft, Kleid, Kerze, Mund und Ohr

Der Augenblick der heiligen Taufe mit dem Übergießen des Wassers ist wunderschön, aber kurz. Deshalb fing man schon früh in der Geschichte an, die Tauffeier etwas zu verlängern durch besondere Symbole. „Ausdeutende Riten" heißt die Überschrift im Taufbuch.

Bei Taufgesprächen versuche ich, die Reihenfolge dieser Rituale mit Handlungen aus dem täglichen Leben zu vergleichen: Wenn du dein Kind badest, wirst du es anschließend abtrocknen, dann vielleicht eincremen und frisch einkleiden, schließlich gehst du mit deinem Kind aus dem Badezimmer wieder ans Tageslicht hinaus. Der Vergleich ist etwas simpel, aber eben einprägsam: Die Taufe mit Wasser ist das Bad. Die Salbung mit Chrisam-Öl ist das Eincremen. Die Übergabe des Taufkleides ist das Ankleiden nach dem Baden. Das Anzünden der Taufkerze ist das Hinausgehen an das Tageslicht.

Salbung mit Chrisam

Die Chrisamsalbung ist mehr als ein Eincremen mit duftender Babylotion. Das Öl weiht der Bischof jedes Jahr kurz vor oder am Gründonnerstag in der Karwoche. Die Chrisam-Messe, in der das geschieht, wird von den Priestern und Diakonen einer Diözese mitgefeiert. Große Gefäße, gefüllt mit reinem Olivenöl und ein wenig beigemischtem Balsam, stehen am Altar. Nach der Weihe wird das Öl über die Dekanate den einzelnen Taufspendern in kleinen Dosen zugeteilt. Bei jeder Taufe wird durch die Salbung mit diesem Chrisam die kirchliche Dimension des Ereignisses verdeutlicht.

Die Chrisamsalbung drückt aus: Dieses Kind ist durch die Taufe Teil einer priesterlichen Gemeinschaft, es gehört zu Jesus, dem König des Universums, und es lebt in einem Volk mir prophetischem Geist. Die Salbung erfolgt auf der Stirn in Kreuzesform. Beim frohen Zusammensein nach der Taufe können die Verwandten die Spuren dieser Salbung am Köpfchen des Kindes noch sehen. Dieses Kind ist nun ein „Christ“ geworden. Die Christen sind der Wortbedeutung nach die Gesalbten, sie bilden das zum Messias Jesus gehörende Volk Gottes. Mit einem gewissen Stolz und vor allem mit viel Freude dürfen wir uns als Christen zu erkennen geben.

Bekleidung mit dem weißen Taufgewand

Das Taufkleid wird von den Verwandten bereitgestellt. Manchmal schneidert Oma oder Patin das Kleid. Ich habe schon Taufkleider gesehen, die aus dem Brautkleid der Mutter genäht waren. Auf einem Taufkleid waren Namen von zwei Generationen von Kindern gestickt. Auf jeden Fall soll das Taufkleid erst nach der Taufe angezogen oder angelegt werden. Es ergibt keinen Sinn, wenn Babys schon mit dem Taufkleid zur Feier kommen. Neue Kleider zieht man nicht vor dem Baden, sondern danach an. So bekommen die Neugetauften ihre weißen Kleider erst, wenn sie in der Taufe symbolisch gewaschen worden sind.

Im Begleitgebet zur Ankleidung heißt es: „In der Taufe bist du eine neue Schöpfung geworden und hast … Christus angezogen. Das weiße Gewand sei dir ein Zeichen für diese Würde. Bewahre sie für das ewige Leben." In der Taufe hat Gott dir also eine neue Prägung geschenkt. Du bist sozusagen in Jesus hineingeschlüpft oder er in dich. Das ist eine unglaubliche Ehre. Wie du durch die Geburt deinen Eltern ähnlich siehst, so siehst du durch die Taufe Jesus ähnlich. Dein Kleid erzählt davon.

In den ersten Jahrhunderten des Christentums waren Erwachsenentaufen die Regel. Tauftermin war die Osternacht. Von dieser Nacht an trugen die Getauften eine Woche lang die weißen Tuniken. Am achten Tag legten sie diese ab. Der letzte Tag der weißen Kleider wurde „Dominica in Albis" – Weißer Sonntag – genannt.

Übergabe der brennenden Kerze

Die Kerze ist ein selbstredendes Symbol. Eine der ältesten Bezeichnungen für die Taufe war „Photismos" – auf Deutsch „Erleuchtung". Gott schenkt einem Menschen sein Licht. Ein Kind darf in den Lichtradius Gottes eintreten. Im Licht des Glaubens wird das Leben anders, heller und wärmer. Der Glaube schenkt Orientierung in guten und in schlechten Zeiten. Der Glaube ist Licht in der Nacht.

Das Licht der Taufkerze stammt nicht aus dem Feuerzeug oder dem Zündholz. Wenn möglich, ist es Aufgabe des Vaters, von der Osterkerze das Licht zu holen und es seiner Tochter oder seinem Sohn weiterzugeben. Die Taufkerze soll spätestens bei der Erstkommunion wieder verwendet werden. Sie kann schon früher, z. B. am jährlich wiederkehrenden Tauftag oder Namenstag zuhause angezündet und auf den Tisch gestellt werden. Meine Taufkerze hat lange überlebt. Eines Tages, ich war schon über zwanzig Jahre Priester, entschieden meine Eltern, die Kerze dürfe in der Kirche, wo ich als Bub Ministrant war, ihre letzten Tage erleben. So leuchtete und verzehrte sie sich vor dem Altar und hat nun ihren Auftrag erfüllt.

Die schöne Funktion einer Kerze besteht darin, das empfangene Licht weiterzugeben. Das ist Aufgabe jedes Getauften. Es wäre schön, wenn alle Väter von Taufkindern diese wichtige Aufgabe wahrnehmen: Empfänger und Transporteure des Glaubenslichtes in der Familie zu sein.

A
Ω
2006

Effata-Ritus

Die praktische Erklärung der Symbolfolge reicht bis zum Lichtsymbol: Baden, eincremen, neu einkleiden, ans Tageslicht gehen. Ein letzter kleiner Ritus schließt sich an: „Effata" – ein aus der Muttersprache Jesu stammendes Wort wird dem Neugetauften zugesprochen. Dabei berührt der Taufspender Ohren und Mund des Kinders. „Öffne dich!"

Ein biblisches Ritual ist das. Jesus hatte einem Taubstummen mit dem Ruf „Effata" Gehör und Sprache wiedergeschenkt. Offene Ohren soll der getaufte Mensch Gott gegenüber haben. Und er soll nicht schweigen, wo es im Leben etwas zu reden gilt. Wir brauchen hörende und mutig bekennende Christen. Das Kind empfängt in der Taufe die Anlage dazu, den Sensor sozusagen, der später aktiviert werden soll.

Vater unser im Himmel

Wasser, Salbe, Kleid, Licht, Ohr und Mund. Jetzt ist soweit alles ausgedeutet, was in der Taufe enthalten ist. Fehlt nur noch eines: Das Kind ist gerade in eine Gemeinschaft aufgenommen worden. Ein Himmelsbürger wurde „geboren“, ein neues Mitglied von Gottes Familie. Diese Himmel und Erde umspannende Gemeinschaft soll an dieser Stelle zum Ausdruck kommen. Die Taufgemeinde, also Taufspender, Taufkind, Eltern, Paten, Großeltern, Geschwister, Verwandte und Freunde wechseln den Standort. Vom Taufbecken geht es in Richtung Altarraum. Das Kind soll durch diese Nähe zum Allerheiligsten erfahren, dass es von draußen vor der Kirche nun ganz in den innersten Raum Gottes eingetreten ist. Alle wenden sich dem Altar zu.

Bei größeren Taufgesellschaften werden vielleicht nicht alle an der Aufstellung vor dem Altar teilnehmen können. In diesem Fall vertreten einige das Ganze. Die anderen machen von ihrem Platz aus mit. Auf jeden Fall soll an dieser Stelle kein Fotograf herumlaufen und schon gar nicht für einen Schnappschuss hinter den Altar klettern. Der Taufspender kann mit einem freundlichen Hinweis einladen, dass alle mitmachen, auch die Frau oder der Mann an der Kamera. Denn es wird gemeinsam das Vaterunser gebetet oder gesungen. In der Taufe hat Gott einem Menschen die Gotteskindschaft geschenkt. Aus dem Mund der anwesenden Brüder und Schwestern hört das Gotteskind nun zum ersten Mal, wie wir Gott ansprechen: Unser Vater!

Segnen

Regelmäßig bringen Tauffamilien kleine Andenken mit in die Kirche, die sie segnen lassen möchten. Eine kleine Kette mit einem silbernen oder goldenen Kreuzchen, ein Schutzengel-Accessoire, kleine Kerzen für alle an der Feier Teilnehmenden …

Schön, wenn das Kind oder die Angehörigen eine Tauferinnerung geschenkt bekommen. Kinder im Schulalter tragen oft voll Stolz die Taufkette der Patin. Dass Eltern dafür um den Segen der Kirche bitten, ist ein gutes Zeichen. Priester und Diakone sollen an dieser Stelle nicht nur ein schnelles Kreuzchen darüber machen. Wertschätzender ist es, das kirchliche Segensbuch, Benediktionale genannt, in die Hand

zu nehmen und ein entsprechendes Segensgebet zu sprechen. Wir können nie genug segnen.

Eine kleine Zwischenbemerkung. Leider rutschen heutzutage immer wieder esoterisch angehauchte Produkte in die Einkaufstasche: Statt des echten Schutzengels eine engelhafte Fee mit flaumigen Federn, statt dem Gute-Nacht-Gebetbuch ein kultiger Traumfänger für das Kinderzimmer, statt dem Kreuz ein Glücksstein.

Bitte unbedingt darauf achten, dass Taufandenken handfeste christliche Symbole beinhalten.

Die Feier schließt nun mit dem allgemeinen Segen für alle Beteiligten. Besonders hervorgehoben sind im Taufrituale die Mutter, der Vater, Patin und Pate und eventuell Geschwister des Taufkindes.

Auf die Taufe folgen Kaffee und Kuchen oder ein festliches Essen. Es ist ein gesegneter Tag für alle. Manche Familienmitglieder haben vielleicht länger keine Kirche mehr besucht oder selten persönlich zu Gott gebetet. Heute sind sie wieder einmal alle mit dem Segen Gottes nach Hause gegangen. Durch ein Kind hat sich über alle Gottes Segen gebreitet. Wenn an diesem Mittag oder Nachmittag sich alle Tanten und Omas abwechseln, um das Kind eine Weile in ihren Armen zu wiegen, dürfen sie bedenken, dass sie ein heiliges Gotteskind in ihren Händen halten. Einen Menschen, aus dessen Augen das Licht Gottes leuchtet. Es ist zu hoffen, dass dieser gesegnete Tag nicht mit ein paar schönen Erinnerungen im Fotoalbum endet, sondern für viele Tage segensreiche Spuren hinterlässt.

Christus, der Herr,
sei in dir,
vor dir,
hinter dir,
unter dir und über dir,
zu deiner Rechten
und zu deiner Linken,
wenn du schläfst
und wenn du erwachst.

EGO · HODIE · GENVITE

Gang zum Marienbild

Nach schönem altem Brauch wird das Kind am Ende der Feier zu einem Bild der Gottesmutter Maria getragen. Ein solches ist wohl in jeder katholischen Kirche zu finden.

Durch die Taufe sind wir in eine besondere Beziehung zu Jesus Christus eingetreten. Da Jesus der Sohn der Jungfrau Maria ist, gibt es auch eine besondere Verbundenheit zwischen der Gottesmutter und den Getauften. Maria hat liebevoll auf das Jesuskind geschaut. Sie soll auch auf das neugetaufte Gotteskind und seine Familie schauen.

So ähnlich können Eltern vor dem Bild der Gottesmutter beten:

„Heilige Maria, Muttergottes, dir vertrauen wir unser Kind an. Breite deinen Mantel über uns aus und lass uns alle darunter geborgen sein."

Schön gesagt, aber

Endlos könnte ich schreiben und mit Ihnen diskutieren, liebe Leserinnen und Leser, über Fragen wie den Tauftermin, die sogenannte Gemeinschaftstaufe mit mehreren Kindern gleichzeitig, Tauffeiern im öffentlichen Gottesdienst und die Zulassung von Paten, die nicht alle kirchlichen Voraussetzungen erfüllen.

Theologisch ideal wären Tauffeiern am Sonntag. Es ist der Tag der Auferstehung des Herrn. Aber da haben Pfarrer schon mehrere Gottesdienste zu feiern. Gemeinschaftlich ideal wären Tauffeiern mit mehr als einem Taufkind. Da steht die Familie Gottes im Vordergrund. Aber da haben Eltern oft Bedenken, sie möchten lieber mit ihrer Familie allein sein. Kirchlich ideal wäre die Tauffeier innerhalb der Sonntags- oder Ostermesse. Da wird Kirche erfahrbar. Aber viele Tauffamilien sind im Gottesdienst noch nicht beheimatet und fühlen sich beobachtet. Mit unseren Erwartungen überfordern wir manchmal.

Oft suchen Pfarreien nach praktischen Lösungen. Es gibt uneinheitliche Standards von Pfarrei zu Pfarrei, von Diözese zu Diözese, von Land zu Land. Ein Ordenspriester, der ab und zu ein Kind tauft, kann sich freier bewegen als ein Pfarrer, der bis zu fünfzig Bewerber und mehr jährlich zu taufen hat. Priester mit mehreren Pfarreien legen fixe Tage im Monat fest, wo Eltern den Termin nicht einfach frei wählen können. Andererseits sind auch die Terminplanungen der Familien nicht immer einfach. Die Patin arbeitet als Ärztin und hat dreimal im Monat Sonntagsdienst, die Großeltern sind dann auf Kururlaub, wollen aber bei der Taufe dabei sein.

Was ich nur raten kann, ist eine frühzeitige gute Absprache und dass zuerst eine inhaltliche Beschäftigung mit dem Thema Taufe stattfindet. Wer den Schatz kennt, scheut nicht die kleinen Mühen, den Schatz zu heben. Am besten ist, schon bald nach der Geburt oder auch vorher im heimatlichen Pfarramt vorzusprechen. Je mehr jemand den katholischen Input der Taufe annehmen kann, desto eher findet man einen Konsens und eine gute Lösung. Ich hoffe, dass dieses Buch ein wenig dazu beiträgt.

Bildnachweise: